P9-EKC-860

◂ PUEBLOS AMERICANOS NATIVOS ▸

LOS NEZ PERCÉ

por Kathi Howes

Ilustrado por Luciano Lazzarino

Versión en español de Aída E. Marcuse

ROURKE PUBLICATIONS, INC.

VERO BEACH, FLORIDA 32964

ÍNDICE

Library of Congress Cataloging-in-Publication Data

Kathi Howes, 1938 –
(Nez Perce. Spanish)
Los Nez Percé, por Kathi Howes; ilustrado por Luciano Lazzarino; versión en español de Aída E. Marcuse
p. cm. — (Pueblos Americanos Nativos)
Traducción de: The Nez Perce
Incluye un índice
Resumen: Examina la historia, el estilo de vida tradicional y la situación actual de los indios Nez Percé.
ISBN 0-86625-452-8
1. Indios Nez Percé—Literatura Juvenil. [1. Indios Nez Percé. 2. Indios de Norte América.] I. Título. II. Series.
E99.N5H 6918 1992
973'.04974-dc20 92-9533
CIP
AC

INTRODUCCIÓN

La historia de los indios de Norte América - los americanos nativos - se compone de muchas historias. En cada parte del continente, las distintas naciones indígenas desarrollaron costumbres y estilos de vida propios.

Todos los americanos nativos tienen antecedentes comunes, ya que descienden de los primeros pueblos que hace miles de años cruzaron el puente de tierra que conectaba a Rusia con Alaska.

La historia de los valientes indígenas Nez Percé comienza en las hermosas tierras salvajes entre la Cascada y las Montañas Rocallosas. El territorio que los Nez Percé solían recorrer libremente está hoy dividido entre los estados de Wáshington, Oregón, Idaho y Montana - un área de más de 150.000 millas cuadradas.

El nombre Nez Percé está formado por dos palabras francesas que significan "nariz perforada." Hay varias teorías respecto a este nombre.

Algunos piensan que fueron los mercaderes de pieles franceses quienes inventaron el nombre hacia 1600. Contaban que habían visto indígenas que usaban un trozo de hueso o caracol marino perforando el cartílago entre las fosas nasales. Probablemente los indígenas hacían esto por la misma razón que hoy se usan aros en las orejas: como un atractivo ornamento. Otra idea acerca de cómo los Nez Percé obtuvieron su nombre proviene del símbolo de la tribu.

Para decirle su nombre a otras tribus, los indios se pasaban el índice bajo la nariz. Esta acción puede haberles ganado el nombre de Nez Percé.

Una parte importante de la historia de los Nez Percé se relaciona con la gran amistad que sentían por los hombres blancos, a quienes llamaban "Bostons."

Esta buena amistad comenzó con los aventureros Meriwether Lewis y William Clark, que exploraron las tierras tras las montañas Rocallosas, en el Territorio del Noroeste.

Como guerreros, los Nez Percé no tenían rivales. Pero en general preferían vivir en paz con sus vecinos. Inclusive eligieron no luchar contra los blancos, pese a las numerosas injusticias que cometían contra ellos. Pero aunque eran lentos para enojarse, llegó el momento en que ya no pudieron pasarlas por alto.

Los Nez Percé se mostraron amistosos con los blancos gracias a lo que le sucediera a una mujer de su aldea. Esta historia es tan notable, que vale la pena repetirla. Cuando pequeña, Watkuweis fue hecha cautiva por una banda de indios Blackfoot, y tratada con crueldad. Rescatada por blancos, creció en una familia que la trató bondadosamente. Por fin, le fue permitido volver a su propia tribu. Watkuweis, que significa "Devuelta de un País Lejano," contó muchas historias acerca de la cariñosa familia que tanto la ayudó.

los Nez Percé

(Foto cortesía de la División de Turismo del Estado de Wáshington)

El desfiladero del río Columbia

Antes de la llegada del hombre blanco

Los Nez Percé vivían en aldeas a lo largo de los ríos Columbia, Clearwater, Snake y Salmon. Para alimentarse pescaban salmón, excavaban raíces, recogían bayas y mataban animales pequeños. Nunca se alejaban mucho de sus aldeas. Construían sus tiendas sobre cimientos de dos o tres pies. La tierra que extraían de ellos se usaba para construir paredes de adobe. Maderos recogidos del mar se convertían en postes verticales para los lados y el soporte del techo. Como soportes adicionales se ataban vigas cruzadas a los postes. El techo se cubría con esteras de cañas de espadaña cosidas entre sí. Tenía forma de A y tocaba las paredes por ambos lados. Cuando visitaron la aldea por primera vez, a los extranjeros debió parecerles que en las tiendas no había lugar para la gente. ¡Parecían ser tan bajas! Pero por dentro había mucho espacio bajo el nivel del suelo. Funcionaban como los cuartos medio hundidos de nuestras casas modernas.

La tienda se expandía a medida que llegaban nuevas familias, alcanzando a medir más de 100 pies de largo. Una tienda grande podía albergar hasta treinta familias. En el interior había un corredor central con fuegos abiertos para cocinar. Cada familia disponía del suyo. Varias puertas a los lados de la tienda proveían la ventilación necesaria y permitían ir y venir a los miembros de la tribu.

Cada aldea solía tener dos grandes tiendas y varias más pequeñas que servían de dormitorio. Los miembros de una familia no dormían juntos. Los hombres y las mujeres jóvenes generalmente lo hacían en cobertizos separados. Los guerreros, esposas y ancianos dormían en las tiendas principales.

Los muchachos y los hombres jóvenes dormían en cobertizos subterráneos. Estos se cubrían con astillas de madera y una gruesa capa de pasto que se cubría con varias pulgadas de tierra.

Los jóvenes dormían sobre colchones de pasto seco. En sus dormitorios subterráneos hacía tanto calor, que no necesitaban usar batas de piel de búfalo ni en las noches más frías.

Cobertizos similares abrigaban a las jovencitas durante el invierno. Eran confortables y seguros y las mujeres jóvenes también los usaban cuando estaban enfermas, o iban a dar a luz. No se permitía a los hombres acercarse a los dormitorios de las mujeres. A lo sumo, podían gritarles mensajes desde cierta distancia. Las mujeres llevaban y traían lo que necesitaban en el dormitorio.

Cada mañana, lo primero que hacían los Nez Percé era bañarse en algo como nuestros modernos baños sauna. Los dormitorios subterráneos disponían de baños así. La gente que vivía en las tiendas principales usaba cabañas-sauna cerca del río.

Cada mañana al levantarse, calentaban piedras en una fogata al aire libre, y una vez calientes, las apilaban en el piso del cuarto o la cabaña-sauna. Los miembros de la tribu se sentaban junto al calor y sudaban las impurezas y gérmenes de sus cuerpos. Después corrían a darse un estimulante baño en las heladas aguas del río.

Esos baños diarios les purificaban el espíritu tanto como el cuerpo y eran muy importantes para los indios. Incluso cuando en primavera iban muy lejos en busca de raíces y bayas, construían cabañas-baños de ramazones cubiertas de pieles.

Marcharse a recoger alimentos también daba a la tribu ocasión para limpiar sus casas después del invierno. Llevaban a los campos los colchones de pasto seco, y dejaban sus hogares abiertos a las lluvias y los vientos de la primavera.

El acopio de alimentos

El acopio de alimentos era la ocupación principal de la tribu. Su dieta consistía sobretodo de salmón y los bulbos de las plantas "kouse" y "camas." En primavera, los indios iban a las colinas donde crecía el "kouse." Los bulbos de las raíces tenían un gusto parecido al de los nabos.

El otro vegetal favorito de la tribu era el bulbo de "camas." Era un lirio salvaje de flores azules y blancas que crecían sobre tallos de unos tres pies de altura. Los indios lo llamaban "quamash." En un solo tallo solían crecer entre diez y cuarenta flores.

A menudo los indios pelaban la piel amarronada y comían el bulbo crudo. Era crujiente, jugoso y de gusto dulce. Una herramienta especial, el bastón excavador, se usaba para extraerlos. La otra tarea importante era atrapar salmones en mayo y junio.

Este esfuerzo era compartido por toda la aldea. Los hombres se servían de lanzas, redes y trampas. Las mujeres limpiaban y trozaban el pescado y lo ponían a secar sobre armazones encima de hoyos humeantes. El salmón atrapado en verano suministraba casi el noventa por ciento del alimento anual de la tribu.

Algunas de las herramientas que utilizaban eran sorprendentes. Una red de inmersión era una gran red oval, más alta que un hombre, que se colgaba de una armazón con cuatro lados y dos asas triangulares. Estas redes se echaban al agua desde plataformas especiales, las que se suspendían sobre el agua para que los hombres estuvieran muy cerca de los salmones cuando hundían las redes.

Tanto los bulbos de "camas" como los salmones se secaban y almacenaban para el invierno. Los bulbos de camas se hervían en grandes fuegos hechos en hoyos. Una aldea cocinaba hasta 1500 libras a la vez. Era un proceso lento. Primero los bulbos se descascaraban.

Después se apilaban sobre una capa de pasto colocada sobre las piedras calientes del hoyo de cocinar. Entonces, los cocineros les ponían otra espesa capa de pasto, y vertían agua encima para producir vapor. Se esparcía una capa de arena sobre el pasto y se dejaba que el sabroso plato se cocinara al vapor un día entero.

Al atardecer del día siguiente, los cocineros removían con cuidado la tierra y el pasto y colocaban los bulbos en bols de madera. Entonces, todos se daban un banquete de "camas."

De los bulbos sobrantes se hacía una masa que se convertía en pequeñas tortas. Éstas se envolvían en pasto y se colocaban sobre una nueva camada de "camas" hirvientes. Después de esta segunda cocción, las tortas se molían otra vez y se secaban sobre los fuegos. Las tortas secas, envueltas en pasto seco, duraban mucho tiempo sin echarse a perder y eran un alimento muy nutritivo.

Además los indios podían llevarlas fácilmente en sus frecuentes viajes.

El gobierno de la tribu

Los Nez Percé carecieron de gobierno hasta la llegada de los misioneros, hacia 1840. Anteriormente eran setenta pequeñas comunidades independientes que vivían en el mismo lugar y compartían su lenguaje y cultura.

Tres o cuatro ancianos formaban el consejo de cada aldea. Era un sistema bastante informal. El cacique era uno de los miembros del consejo. Generalmente se le daba este puesto porque estaba emparentado con la mayória de la gente de la tribu. Cuando moría, lo reemplazaba su hijo.

El deber principal del cacique era arbitrar las disputas, familiares u otras. A menudo se le pedía que castigara a los niños desobedientes. Había pocas leyes, y nadie trataba de hacerlas obedecer. La influencia del medio ambiente se encargaba de imponer orden. Cuando los grupos se encontraban en los lugares de pesca o los campos, los jefes de la aldea se reunían y discutían los problemas. Pero incluso cuando tomaban decisiones, ningún miembro de la tribu era obligado a obedecerlas. Los caciques de las aldeas no siempre eran jefes guerreros. El cacique de guerra solía ser un joven que se había destacado en las batallas y era admirado por los demás guerreros. Se le concedía el título de cacique de guerra a un guerrero excepcional, que ganaba el respeto de todos. Sólo hubieron dos o tres de ellos en toda la historia de los Nez Percé. Por lo general las campañas guerreras estaban al mando del mejor guerrero del momento, a quien se le concedía un privilegio especial: podía cenar en cualquier tienda cuando quisiera.

Los Nez Percé y Lewis y Clark

El presidente Thomas Jefferson le pidió a su amigo Meriwether Lewis que explorara el territorio que los Estados Unidos habían comprado en 1803 a los franceses. Llamada la "Compra de Louisiana," incluía vastas áreas de tierras salvajes que iban desde el río Mississippi hasta el océano Pacífico. La tarea de Lewis consistía en hacer mapas y tomar nota de los animales y plantas que encontrara en ese nuevo territorio. El presidente Jefferson también le encargó investigar a los indígenas del área.

Lewis invitó a su amigo William Clark a acompañarlo, y ambos salieron de St. Louis, Missouri, el 14 de mayo de 1804, llevando unas cuarenta personas como ayudantes. Una de ellas era una indígena Shoshoni llamada Sacagawea, casada con un guía francés de Lewis y Clark.

Ese otoño, Lewis y Clark llegaron al territorio de los Nez Percé en el río Columbia. El trayecto había sido más largo y penoso de lo que habían imaginado. Se les había acabado la comida y estaban casi muertos de hambre. Así que decidieron separarse para buscar alimentos.

William Clark encontró a tres niños jugando. Eso significaba que había una aldea cerca - ¡y comida! Los niños se asustaron y huyeron, pero el capitán Clark los alcanzó y ellos lo llevaron a su aldea.

Como los guerreros y cazadores no estaban, fue recibido por un anciano valiente, quien le dijo que el invierno había sido largo y frío y no tenían mucha comida. Compartió con Clark lo que había, y después lo ayudó a encontrar a su grupo.

La comunicación entre los exploradores y los indígenas era difícil. No tenían un lenguaje común - pero allí estaba Sacagawea.

Lewis hizo una pregunta en inglés. Otro hombre la tradujo al francés, y el marido de Sacagawea tradujo la pregunta al Hidatsa. Hidatsa era el idioma que él hablaba con Sacagawea. Ella tradujo la pregunta al Shoshoni, y un niño de esa tribu, que estaba con los Nez Percé, la repitió en el idioma Shahaptia que éstos hablaban. Después, un guerrero Nez Percé repitió la pregunta a toda la tribu congregada. Los Nez Percé contestaron la pregunta y el proceso de traducción recomenzó. ¡Sería un milagro que las informaciones hayan sido intercambiadas correctamente!

Al terminar la conversación, el jefe de la aldea hizo mapas de la ruta del río Columbia para Lewis y Clark, e incluso aceptó guardarles los caballos y las cajas de pólvora que no necesitaban mientras los exploradores viajaban río abajo hacia el Pacífico.

Costumbres y religiones

Los Nez Percé no tenían religión formal. En cambio, adoraban la tierra. Pensaban que ella era la madre que los nutría y cuidaba de ellos como una madre cuida a sus hijos. La Madre Tierra llenaba los ríos de salmón, y su cuerpo les regalaba los bulbos de "kouse" y "camas," y las deliciosas bayas y nueces.

Los indios creían que eran hermanos de los animales, los árboles, las piedras y todo lo que la naturaleza producía. También creían que hombres y mujeres especiales, llamados "shamanes" (hechiceros) podían controlar el tiempo y proveer buena o mala salud.

También creían en el Wyakin. El Wyakin era un espíritu ayudante personal, que podía tomar cualquier forma. Podía ser un rayo, un salmón centelleante, una gran piedra, un oso pardo o cualquier otro objeto o criatura. Este espíritu podía ser protector o castigar al indígena que lo poseía, pero más a menudo era el protector al que un hombre o una mujer pedía ayuda.

Sólo por medios especiales un miembro de la tribu adquiría el Wyakin. Generalmente, entre los nueve y los trece años, un niño o niña era instruído por un anciano que tenía un fuerte Wyakin. Después de muchos años de aprendizaje, el niño o la niña dejaba la aldea y partía en una búsqueda solitaria de su propio espíritu guardián. El joven buscador no llevaba consigo alimentos, agua ni armas.

Era difícil y temible esperar por el Wyakin. Algunas veces se le presentaba al buscador en un sueño apacible. Otras, aparecía en un afiebrado ensueño producido por el largo ayuno. A veces, el joven buscador se asustaba tanto o sentía tanta nostalgia que volvía a su aldea sin haber adquirido el Wyakin.

Los buscadores exitosos nunca revelaban la identidad de su espíritu guardián. Nadie debía conocerla hasta la Danza del Espíritu Guardián del Invierno. Entonces, los que habían tenido éxito en su búsqueda se unían a la danza y cantaban alusiones acerca de su Wyakin.

Descubrimiento de los caballos

En 1680, los indios Pueblo de New Mexico se rebelaron contra los colonos españoles y capturaron grandes cantidades de ovejas, ganado y caballos. Muchos de éstos fueron vendidos a otras tribus, porque comían pasto como las ovejas y éstas eran consideradas más valiosas.

Robados en las colonias españolas del suroeste, los caballos probablemente llegaron al sureste de Idaho hacia 1690. Apenas las tribus realizaron cuan importantes eran, empezaron a adquirirlos mediante trueque o robándolos.

Los guerreros Nez Percé estaban entre los mejores jinetes de todos. En cuanto vieron los primeros caballos, miembros de las diferentes aldeas unieron sus recursos y enviaron un grupo a comprarlos al sur. En uno de esos viajes, los Nez Percé adquirieron una gran yegua blanca a punto de parir. Una tradición nos cuenta que esa yegua fascinante y su potrillo fueron el comienzo de todas las manadas Nez Percé posteriores, incluyendo la afamada raza Appaloosa.

Por un tiempo, los Nez Percé usaron sus caballos como animales de carga, porque no sabían montarlos. Pero pronto aprendieron cómo hacerlo.

Vestían elaborados estilos de ropa. Los hombres usaban pieles largas terminadas en flecos y los grandes tocados de plumas que se asocian con los indios del oeste. Las mujeres usaban largos vestidos de piel de ante, con flecos en las mangas y el dobladillo.

Las mujeres Nez Percé también usaban un sombrero redondo tejido, decorado con borlas y plumas de colores, que parecía una canasta al revés. Los hombres llevaban unos mechones de pelo recogidos sobre la frente.

Los primeros criadores de caballos

Las tierras de los Nez Percé eran excelentes para criar caballos. En verano, las colinas y mesetas procuraban pastoreos con abundante agua. En invierno, los caballos pastaban en valles protegidos de los vientos helados por las montañas de la cadena Bitterroot. Altos cañones mantenían los caballos encerrados y los protegían de incursiones enemigas. Raras veces los atacaban pumas y lobos, sus enemigos naturales. Hacia 1800, los caballos Nez Percé eran famosos en todo el oeste. Los indios eran hábiles criadores. Por lo que se sabe, los Nez Percé fueron quienes primero practicaron la cría por selección, sin haberla aprendido de sus vecinos blancos. Algunos caballos poseían cualidades deseables, y otros no. La cría selectiva implica separar los "buenos" caballos de los "malos" y hacer que se reproduzcan sólo los "buenos."

Hecho generación tras generación, esto hace mejorar la calidad de la manada. Cuando los primeros hombres blancos los visitaron en 1805, los Nez Percé ya poseían fortunas en caballos. Manadas de 100 a 500 cabezas eran comunes. Meriwether Lewis registró que un indígena tenía 1500 cabezas.

La raza de caballos moteados de los Nez Percé se llama Appaloosa. La leyenda dice que el nombre proviene del río Palouse, al este de Wáshington. El origen del caballo puede trazarse hasta China y el año 101 A.C. Disponer de caballos les cambió la vida a los Nez Percé, al permitirles viajar a mayores distancias, y darles un valioso producto para comerciar.

Los Nez Percé habían cazado a pie alces, ciervos y antílopes. Con caballos, pudieron ir tras a los preciados búfalos. ¡Algunas cacerías duraban cinco años! Los indígenas ya no dependían del comercio para obtener la carne y pieles del valioso animal.

Pero cuando los cazadores Nez Percé cruzaron las montañas Rocallosas y penetraron en el valle Helena (Montana), empezaron sus problemas. La tribu Blackfoot objetó la invasión de su territorio. Los Blackfoot poseían pistolas que habían comprado a los ingleses, y eran una amenaza para los Nez Percé, quienes decidieron que ellos también las necesitaban. Las compraron de los indios Dakota y fueron aún mejores cazadores y guerreros.

Viajeros y mercaderes

Una vez adquiridos los caballos, viajar se volvió muy importante para los Nez Percé. Iban al este a comerciar con tribus de las llanuras, vendiéndoles bayas secas y tortas de "camas" y "kouse," cuernos de ovejas de las montañas y los bols, cucharones y cucharas que hacían con ellos, canastas de raíz de cedro, plumas de águila y los preciados arcos Nez Percé, así como aceite de salmón y salmón seco. El salmón seco era reducido a polvo y empacado con el aceite en pieles de salmón. Vendían cáñamo y mecate, decorativos dientes de animales y caracoles. Y, por supuesto, vendían caballos.

De los indígenas de las llanuras, los Nez Percé recibían productos de búfalo: cuentas de hueso, cucharas de cuerno, trajes decorados con hermosos trabajos de plumas por las mujeres Crow. El objeto más preciado era el tocado Sioux de guerra. Los Nez Percé lo admiraban mucho por su doble cola de plumas de águila.

(Foto cortesía de la Sociedad Histórica de Idaho)

Nez Percé usando un tocado Sioux de guerra y llevando una vara de guerra.

Oficios y herramientas

Los Nez Percé eran famosos por sus excelentes herramientas de caza, y sus arcos y flechas. Muchos arcos se hacían de madera de tejo, fresno o sauce. Primero los indígenas raspaban, pulían y remojaban la madera. Después la arqueaban y ataban las puntas hasta que se secaba y conservaba su forma.

Pero los mejores arcos se hacían con los cuernos curvos de las ovejas Bighorn. Esos arcos le duraban a un cazador toda la vida. Ningún otro tenía una elasticidad tan duradera. Podía disparar flechas a una distancia asombrosa. La gente solía cambiar un valioso caballo o una pistola por un arco Nez Percé hecho de cuerno de ovejas Bighorn.

Los arcos los hacían los viejos de la aldea. Primero partían un cuerno grande, y le sacaban una tira delgada. Como esta tira conservaba su forma curva, tenía que ser hervida, estirada y enderezada hasta que medía unos tres pies de largo. Entonces se enrollaban tendones humedecidos alrededor de la tira de cuerno, hasta que tenía un tercio de pulgada de espesor. Los tendones se mojaban en una cola de pegar hecha con sangre de salmón.

Los viejos también hacían puntas de flechas y lanzas. Las puntas de las flechas eran de muchas formas y tamaños, según el uso que se les diera. A menudo se impregnaban de veneno de serpiente, para que mataran más rápidamente.

Cazando águilas

Entre todas sus posesiones, lo que más apreciaban los Nez Percé eran las plumas de águila. A menudo, los valientes jóvenes les sacaban las plumas en "préstamo" a los aguiluchos. Solían incursionar en el nido y llevarse un aguilucho, criándolo hasta que tuviera lista su primera cosecha de plumas. Entonces lo pelaban, y lo dejaban en paz para que criara otro juego de plumas. Cuando al pájaro le crecían plumas por tercera vez, lo dejaban volver a la vida salvaje.

Había otra manera de obtener las valiosas plumas. Un valiente hacía un hoyo tan grande como para entrar en él. Lo cubría de pasto y encima ataba un conejo como carnada. Un águila sobrevolando el lugar veía el conejo "atrapado" y se lanzaba en picada a capturarlo. El joven saltaba fuera del hoyo, atrapaba el águila por las patas y la ataba, mientras otro la mataba con arco y flechas. Este método se usaba cuando hacían falta muchas plumas de águila para alguna fiesta.

Llegada de los misioneros

Los Nez Percé deseaban aprender los métodos de los colonos blancos. Lo que más admiraban era cómo se comunicaban por escrito. Los maravillaba el "papel parlante" que llevaba los mensajes de los blancos a cientos de millas. También sabían que tenían que aprender de los mercaderes y campesinos blancos lo que les convenía para mantener su poder sobre la región.

En 1831, un grupo de Nez Percé fue enviado a St. Louis, Missouri, a pedirle ayuda a su amigo William Clark, quien para entonces era Comisionado de Asuntos Indígenas.

Después de viajar 2.000 millas, los indios llegaron a St. Louis. Pero nadie entendía qué querían los indios. Los blancos supusieron que deseaban su religión. Los indios pensaron que religión y educación podían ser sinónimos. Querían a los misioneros porque ellos podían enseñarles los medios de comunicación de los blancos.

El primer misionero en responder al deseo de los Nez Percé llegó en 1836. La misión Nez Percé de Lapwai, Idaho, fue fundada por el Reverendo y la Sra. Spalding. La Sra. Spalding abrió una escuela para los indígenas y se hizo querer por ellos. Su marido no era tan popular. Hizo que les construyeran una casa y una iglesia. Después, les ordenó cultivar los campos de la misión. Habían muchos indígenas que deseaban agradar a sus maestros, y no les importó hacerlo. Pero otros se oponían a cultivar la tierra porque iba en contra de sus creencias. Esos indígenas no se convirtieron al cristianismo. Fueron llamados "Soñadores" por los blancos y los indígenas cristianos, porque muchas de sus ideas y creencias les aparecían cuando dormían o estaban en trance.

Uno de los nuevos cristianos de la misión era un cacique Nez Percé muy poderoso. Los Spaldings lo llamaron Joseph. El cacique Joseph llevó a su

(Foto cortesía de la Sociedad Histórica de Idaho)

Una iglesia Lapwai

familia a vivir en la misión, para que su hijo mayor pudiera ir a la escuela. El muchacho se llamaba Heinmot Tooyalakekt. Ese nombre significa: "Trueno Retumbando en las Montañas." Cuando creció, los blancos lo llamaron "Joven Joseph." Al pasar el tiempo, el joven se convirtió en un gran jefe como su padre, y los blancos también lo llamaron "Cacique Joseph." Así que este nombre designa a dos grandes caciques, de los cuales uno entrenó al otro.

El padre Cacique Joseph y los demás indígenas cristianos trabajaron mucho para los Spalding. Los indígenas eran felices con sus escuelas y dejaban pasar muchas cosas malas que sucedían a medida que más y más "Bostons" se instalaban en las tierras alrededor de la Misión Lapwai. Los misioneros también los convencieron de que transformaran sus aldeas independientes en un gran grupo, llamado "nación," con un solo cacique, diciéndoles que para la misión y el gobierno era más fácil negociar con un solo jefe que con muchos.

(Foto cortesía de la Sociedad Histórica de Idaho)

Una escuela de la Misión Lapwai.

(Foto cortesía de la Sociedad Histórica del Estado Washington)

El Cacique Joseph

Comienzo de los disturbios

Hacia 1840 habían más de 10.000 colonos establecidos en los hermosos valles de los Nez Percé y las tribus vecinas. Una de ellas, los Cayusa, fueron contagiados por el sarampión de los colonos blancos. Más de 100 Cayusa murieron en dos semanas. En 1847, la tribu Cayusa se vengó destruyendo la misión dirigida por el Dr. Whitman y su esposa y los indígenas mataron a doce "Bostons," incluyendo los Whitman.

Como el Cacique Joseph estaba emparentado con los Cayusa, salió en busca de los culpables. Para satisfacer a los furiosos y asustados colonos, varios líderes Cayusa fueron colgados. Pero los colonos no estaban satisfechos, y una unidad del ejército de Estados Unidos vino a protegerlos.

Después del incidente, el cacique Joseph llevó su familia de regreso a su lugar favorito: el valle Willowa, en Oregón. El hijo de Joseph tenía siete años y fue educado en las antiguas costumbres de su tribu.

Descubrimiento del oro

En 1850, un buscador de California encontró oro en Oregón y surgieron nuevos problemas cuando una multitud de mineros vino a buscar oro en las tierras de los indígenas.

Durante diez años los Nez Percé trataron de proteger sus lugares de caza, pesca y los campos de "camas." Pero aún mayor peligro corrían las tierras donde pastaban sus caballos. Los colonos blancos tomaron más y más tierras de la tribu para sus ganados. Y los indígenas se quejaron al gobierno de los Estados Unidos. En 1855, el presidente Andrew Jackson envió al gobernador Stevens, del Territorio Wáshington y al general Palmer, del Territorio Oregón, a Walla Walla, Wáshington para que concretaran un acuerdo con las grandes tribus que reclamaban tierras en Wáshington, Oregón e Idaho.

El Tratado de Walla Walla, de 1855, surgió de esta reunión. Se crearon tres grandes reservaciones para los Umatilla, Yakima y Nez Percé. A los Nez Percé se les dejó solamente una parte de su antiguo territorio, 10.000 millas cuadradas. El Cacique Joseph lo firmó, pensando que su gente estaría mejor protegida en la reservación. Pero incluso antes que el Congreso aprobara el Tratado, los mineros y colonos invadieron las tierras de los indígenas.

Hacia 1856, los Nez Percé estaban descontentos tanto con el Tratado como con el gobierno. Ese verano, el gobernador Stevens convocó a los indígenas a un consejo y otra vez los convenció que el gobierno deseaba tratarlos con justicia. Los Nez Percé, incluyendo al viejo Cacique Joseph, le tuvieron confianza al gobernador Stevens y ayudaron al ejército de los Estados Unidos a luchar contra algunas tribus que estaban dándole que hacer a los colonos de la zona.

En 1860 se descubrieron más yacimientos de oro, esta vez en el río Clearwater, en territorio Nez Percé. Poco después el pueblo de Lewiston, Idaho, creció hasta tener 1.200 personas de población. Más buscadores de oro invadieron las tierras Nez Percé. Y por primera vez, el ejército de los Estados Unidos los hizo volver atrás.

Los colonos y mineros se enfurecieron, y detestaron a los indígenas más que antes. Se escribían cosas hostiles contra ellos en los periódicos. En Boise, Idaho, un artículo sugirió que se repartieran entre los indígenas mantas infectadas con alguna enfermedad mortal. Otras crueldades más les eran infligidas. Habían algunos colonos amistosos, pero mucho más numerosos eran los que querían sacar a los indígenas del camino por todos los medios.

(Foto cortesía de la Socidad Histórica del Estado de Wáshington)

Llegada de los Nez Percé para la firma del Tratado de Walla Walla, en 1855.

Una comunidad Nez Percé

El principio del fin

A medida que la situación se deterioraba entre los indígenas y los blancos, el gobierno de Estados Unidos se preocupaba más. Estaba embarcado en una costosa Guerra Civil en el sur, y no podía distraer tropas para luchar contra los indígenas del noroeste. Así que convocó otro consejo con los caciques Nez Percé. El plan del gobierno era reducir el tamaño de la reservación existente y concentrar todas las aldeas en no más de un tercio del territorio.

Esta reunión de 1863 se conoció como el Consejo del Tratado de Lapwai. Los Nez Percé que asistieron tenían ideas muy distintas acerca de lo que querían obtener.

Habían tres grupos principales. El

(Foto cortesía del Instituto Smithsonian)

primero lo encabezaba Archie Lawyer, un indígena cristiano. Favorecía el tratado porque les prometía dinero, escuelas, tiendas, cercas y tierras arables. También prometía que casi todas las mejoras serían para la aldea de Lawyer y estipulaba que habría un cacique jefe y dos asistentes, que estarían a sueldo del gobierno de los Estados Unidos.

El segundo grupo lo encabezaba Big Thunder, el cacique de la Misión Lapwai. Big Thunder y Lawyer se disputaban la posición de cacique jefe. El Cacique Joseph y su banda de Wallowas se unieron a Big Thunder. Joseph se oponía al nuevo tratado porque el de 1855 no había sido respetado. Otros indígenas, que vivían junto a los ríos Salmón y Snake, en Oregón, se unieron a Joseph y Big Thunder porque, según el nuevo Tratado, ellos perderían sus tierras.

El tercer grupo estaba encabezado por el cacique Eagle, quien quería que se matara a todos los blancos o se los echara de sus tierras.

Los tres grupos se reunieron y, pese a discutir mucho, no lograron ponerse de acuerdo. Se desbandaron en una gran Nación Nez Percé y volvieron a su vida de antes de la llegada de los misioneros. En vez de un solo jefe, decidieron que cada cacique firmara acuerdos separados con el gobierno de Estados Unidos.

Al gobierno no le gustó esta solución. Sus representantes querían que el cacique Lawyer fuese el único líder de las aldeas. Lawyer firmó el tratado y los demás caciques fueron dejados de lado. El gobierno obtuvo que otros indígenas firmaran en lugar de los que se negaron a hacerlo.

Los otros dos grupos se enfurecieron al saber que el grupo de Lawyer había firmado la entrega de sus tierras. El cacique Joseph estaba tan enojado que rompió su copia del tratado y destruyó la biblia que había llevado consigo durante veinte años. Después, el cacique Joseph y sus seguidores rehusaron vivir en la reservación y fueron desde entonces llamados "Indígenas Sin Tratado." Joseph le advirtió a su hijo: "Recuerda siempre que tu padre nunca vendió su país. Debes dejar de escuchar cuando alguien te pida que firmes un tratado vendiendo tu hogar. En pocos años más estarás rodeado de hombres blancos. Tienen los ojos puestos en nuestras tierras. Hijo mío, nunca olvides las palabras que te digo en mi lecho de muerte. Esta tierra guarda el cuerpo de tu padre. Nunca vendas los huesos de tu padre y tu madre."

El segundo Cacique Joseph

En 1871, al morir el Cacique Joseph, lo reemplazó su hijo. El nuevo Cacique Joseph era respetado por el gobierno de Estados Unidos y sus militares. Como su padre, no quería luchar por la tierra. Sabía que esas guerras ocasionaban grandes sufrimientos a su gente. Y que los soldados del ejército de los Estados Unidos eran más numerosos que los suyos.

El hermano del Cacique Joseph, Ollikut, era el jefe guerrero de la familia. Lo aconsejaba hábilmente en materia militar, y ambos formaban un buen equipo.

Joseph y Ollikut no eran los únicos Nez Percé que seguían en libertad. Otras bandas amistosas Nez Percé "Sin Tratado" eran la de Joseph, con sesenta hombres, la del cacique White Bird con unos cincuenta hombres, la del cacique Looking Glass, así llamado por el pequeño espejo que llevaba al cuello, de cuarenta. Y la más pequeña, del cacique Toohooloolzote, con unos treinta.

A los colonos y al gobierno de los Estados Unidos les disgustaba que los indígenas sin tratado anduvieran libremente fuera de la reservación.

Los colonos usaron muchos trucos para apoderarse de las tierras indígenas. Dejaban que su ganado pastoreara cerca de los límites, y miraban hacia otro lado cuando éste penetraba en pastoreos de los Nez Perce. Pero la tribu consideraban que el robo de pasto no era motivo suficiente para ir a la guerra.

Así que recurrieron a otro medio para acabar con los robos. En verano, quemaban el pasto de las colinas apenas se secaba. Los blancos también robaban madera de los bosques de la reservación, porque la tenían más cerca que la leña pública. Otro truco favorito de los blancos era obtener permiso de los indígenas para construir una hostería para viajeros, y después convertirla en una gran hacienda.

Los "Indígenas Sin Tratado" no tenían protección alguna. A menudo una familia que volvía de un corto viaje encontraba que alguien se había instalado en su casa. A veces los blancos ofrecían pagar algo por las tierras tomadas. El agente del gobierno aconsejaba a los indígenas aceptar el dinero, por poco que fuera, ya que de otro modo los blancos se quedarían con sus tierras gratis.

Quince años después, el gobierno de Estados Unidos intentó nuevamente que las bandas sin tratado vinieran a la reservación, pidiéndole a Joseph que, en apenas treinta días, se mudara con su gente a un área que tenía sólo el diez por ciento del tamaño de su antiguo territorio.

Para prevenir una guerra que hubiera devastado a su pueblo, el cacique Joseph aceptó hacerlo. Cuando estaban preparandóse para la mudanza, ocurrió un trágico incidente. Vecinos blancos robaron cientos de caballos Nez Percé. Los indígenas, ya listos a marcharse, estaban tristes, nostálgicos y enojados. La pérdida de sus caballos era más de lo que podían soportar. Varios jóvenes guerreros decidieron vengarse, se alejaron de los otros y mataron a diez y ocho colonos.

El último conflicto

Terminaban asi setenta años de paz con los "Bostons." El cacique Joseph ya no creía que el gobierno de Estados Unidos ayudaría a su gente, y los jóvenes de la tribu lo presionaban, deseando vengarse de los blancos. Sólo podrían salvarse huyendo. Joseph y otros tres caciques decidieron poner la tribu a salvo en Canadá, esperando vivir en paz allí con los Sioux comandados por el cacique Sitting Bull.

Los cuatro caciques Nez Percé discutieron el camino a tomar, y decidieron seguir una sola ruta para unir sus fuerzas. No querían luchar contra fuerzas del ejército. Sólo deseaban llevar a lugar seguro a sus mujeres, niños y ancianos. Pero la unidad del ejército comandada por el general Howard tenía otros planes.

La ruta de escape elegida llevaba a los indígenas a través de 1.000 millas de terrenos montañosos y áridos.

La mayor parte del camino cruzaba el parque Yellowstone. Una vez sorprendieron a un grupo de turistas y los hicieron prisioneros para evitar que pudieran decirle al ejército su paradero. Los indígenas pelearon una docena de batallas contra cuatro distintas columnas del ejército. Una vez cambiaron de dirección, e hicieron que dos partidas del ejército se enfrentaran entre sí, mientras los Nez Percé

(Foto cortesía de la Sociedad Histórica del Estado de Wáshington)

Cacique Spotted Eagle

Cacique Red Wolf

(Foto cortesía del Instituto Smithsonian)

Cacique Looking Glass

escapaban. Los indígenas llamaban al general Howard "General Pasado Mañana," porque siempre solía estar dos días detrás de ellos.

Por excelentes que fueran jugando al escondite con el ejército, los indígenas no lograron escapar. En una de las últimas batallas, el campamento de Joseph fue sorprendido en pleno sueño. Los soldados dispararon contra todos, mujeres, niños y bebés. La hija de doce años de Joseph corrió aterrada hacia las montañas. La guerra de cuatro meses de los Nez Percé fue la más extraordinaria librada por los indígenas contra el ejército. Joseph no autorizaba que se matara a los prisioneros y éstos siempre eran liberados. Cuando necesitaban abastecimientos, pagaban por ellos.

Joseph condujo su banda de hombres, mujeres y niños cansados, heridos y hasta ciegos hacia las montañas Bitterroot de Idaho. Dos veces cruzaron partes de las montañas Rocallosas, atravesando el Parque Nacional Yellowstone y el río Missouri para ir a las montañas Bear Paw. Pero apenas a treinta millas de Canadá y la salvación, fueron alcanzados por el ejército.

El cacique Joseph sabía que no había posibilidad de escape. No quería rendirse. Pero pensó en su pueblo, débil, herido y hambriento, y se entregó. El 5 de octubre de 1877, después de cuatro meses de lucha, el orgulloso jefe envió el siguiente mensaje: "Díganle al general Howard que conozco su corazón. Estoy cansado de luchar. Nuestros caciques han muerto. Looking Glass murió. Toohooloolzote murió. Los niños están a punto de morir congelados. Algunos huyeron a las montañas sin mantas ni comida. Nadie sabe dónde están... Mi corazón está triste y enfermo. Desde donde está el sol ahora digo: no volveré a pelear nunca más."

(Foto cortesía del Instituto Smithsonian)

Partida del ejército buscando al cacique Joseph y su gente.

Cuando el cacique Joseph y sus seguidores empezaron su odisea en junio de 1877, eran más de 700. Al rendirse en octubre, quedaban 87 hombres, 184 mujeres y 147 niños. La mitad de los hombres y muchas de las mujeres estaban heridos. Los indígenas también entregaron 1.100 caballos, 100 monturas y 100 revólveres.

La Guerra Nez Percé también le había costado cara al gobierno de Estados Unidos. La lista de bajas muestra que hubieron 127 soldados y 50 civiles muertos, y 147 soldados heridos. El general Howard reportó que hubieron 151 indígenas muertos y 88 heridos.

Como condición para rendirse, Joseph pidió que los dejaran volver a la reservación de Lapwai, en Idaho. Se le prometió hacerlo, pero tampoco se cumplió esa promesa. Para el gobierno era más barato alojar a los indígenas en el fuerte Bismarck, en North Dakota. Los indígenas enfermos y ancianos, y algunas mujeres y niños, se enviaron por el río Yellowstone en barcazas abiertas. El cacique Joseph y otros indígenas, que no podían caminar, viajaron por tierra. De North Dakota fueron mandados a Kansas. El clima y el hacinamiento en la reservación de Kansas no les sentaron bien y muchos murieron. En 1879 se publicó una biografía del cacique Joseph y los lectores le pidieron al gobierno de Estados Unidos que ayudara a los valientes indígenas. El gobierno aceptó hacerlo y tres años después 200 Nez Percé fueron enviados a la reservación de Lapwai. Pero nunca autorizaron a Joseph a reunirse con su tribu. En 1885, Joseph y los 150 Nez Percé restantes fueron enviados a la reservación de Colville, Wáshington, donde Joseph vivió hasta su muerte, en 1904.

Un soldado que lo admiraba mucho dijo de él: "En su larga carrera Joseph nunca pudo acusar al gobierno de Estados Unidos de haber cometido un solo acto de justicia."

(Foto cortesía de la Sociedad Histórica de Montana)

El toldería de Joseph durante las celebraciones del 4 de julio de 1904

(Foto cortesía de la Sociedad Histórica de Idaho)

El cañón del Rio Palouse, en el Estado de Wáshington.

(Foto cortesía de la División de Turismo del Estado de Wáshington)

Un campamento Nez Percé de la primera época.

Los Nez Percé hoy en día

Hacia 1980 los Nez Percé sumaban unos 3.250. De ellos, 2.850 viven en o al lado de la reservación que el gobierno de los Estados Unidos creara en 1877. Aún se llama Lapwai y queda entre los condados de Lewis, Clearwater, Nez Percé e Idaho, en la mitad superior de Idaho. Hoy en día los indígenas de las reservaciones son campesinos o trabajan en la industria forestal.

La tribu Nez Percé tiene una compañía de productos forestales, y tres plantaciones para reforestar las áreas que desbrozan.

Los indígenas que no viven en la reservación están en todo el noroeste. Hoy los Nez Percé trabajan junto a los descendientes de los blancos que les quitaron sus tierras. Algunos han ido a la universidad y son doctores, abogados, o aquello que su talento y dinero les permita ser.

Fechas importantes en la historia de los Nez Percé

1680	Con la Rebelión de los indígenas Pueblo, en New Mexico, empieza el comercio de caballos con las tribus del noroeste.
1700-1730	Los Nez Percé compran los primeros caballos a los indígenas Shoshoni.
1805	Los hombres de la expedición de Lewis y Clark son bien recibidos como primeros visitantes blancos en el territorio Nez Percé.
1825	Comerciantes de pieles canadienses envían dos niños indígenas a la escuela de Red River, en Canadá.
1831	Una delegación de cuatro Nez Percé viaja 2.000 millas hasta St. Louis en busca de maestros.
1836	Los misioneros Whitman y Spalding fundan las primeras escuelas e iglesias en territorio Nez Percé.
1840	10.000 colonos se establecen en las tierras Nez Percé, sobretodo en el valle Willamette.
1847	Comienzan los disturbios entre americanos nativos y colonos con los asesinatos ocurridos en la misión Whitman.
1850	Empieza la fiebre del oro en el territorio de Oregón.
1853	El gobernador Isaac T. Stevens, enemigo de los indígenas, separa el territorio de Wáshington de Oregón.
1855	El Gran Tratado de Walla Walla concede a los Nez Percé su antiguo territorio del valle Wallowa.
1860	Se descubre oro en Lewiston, Idaho, y la población aumenta a 1.200 personas en un solo año.
1863	El Consejo del Tratado de Lapwai reduce en un noventa por ciento las tierras Nez Percé.
1865	El culto de los Nuevos Soñadores aparece entre los indígenas Nez Percé "sin tratado."
1871	Muere el primer cacique Joseph y lo sucede su hijo de 31 años como líder del pueblo.
1877	El cacique Joseph y otras bandas "sin tratado" empiezan su huída de más de 1.000 millas a través de las montañas del Canadá.
1884	El cacique Joseph, exiliado, es enviado de la reservación de Kansas a la de Colville, en Wáshington.
1904	El cacique Joseph muere en la reservación Colville.
1980s	Los Nez Percé viven en los estados del noroeste y en la reservación Lapwai.

ÍNDICE ALFABÉTICO